प्रवासी

(खण्डकाव्य)

डॉ. रंजना वर्मा

pencil

ISBN 978-93-5458-542-5
© डॉ. रंजना वर्मा 2021
Published in India 2021 by Pencil

A brand of

One Point Six Technologies Pvt. Ltd.
123, Building J2, Shram Seva Premises,
Wadala Truck Terminal, Wadala (E)
Mumbai 400037, Maharashtra, INDIA
E connect@thepencilapp.com
W www.thepencilapp.com

Author biography

कवियित्री का परिचय

नाम -

डॉ. रंजना वर्मा

जन्म -

15 जनवरी 1952, जौनपुर (उ0 प्र0) में।

शिक्षा-

एम. ए. (संस्कृत, प्राचीन इतिहास) पी0 एच0 डी0 (संस्कृत)

लेखन एवम् प्रकाशन -

वर्ष 1967 से देश की लब्ध प्रतिष्ठ पत्र पत्रिकाओं में, हिंदी की लगभग सभी विधाओं में । कुछ रचनाएँ उर्दू में भी प्रकाशित ।

प्रकाशित कृतियाँ -

अश्रु अवलि (1969), सर्जना (1972), समर्पिता (1972), सावन (1973), कैकेयी का मनस्ताप (1992), वैदेही व्यथा (1997), संविधान निर्माता (2013), द्रुपद - सुता, सुदामा (2019),(सभी खण्ड काव्य), चन्द्रमा की गोद में (बाल उपन्यास)(1984, 1996), समृद्धि का रहस्य (1998), जादुई पहाड़ (2020), मङ्गला (2020), पोंगा पण्डित (2020),(सभी बाल कथा संग्रह), मुस्कान (बाल गीत संग्रह)(2005), फुलवारी (1999)(शिशु गीत संग्रह)। जज़्बात (2006), ख्वाहिशें (2017), एहसास (2012), प्यास (2014), रंगे उल्फ़त (2013), गुंचा (2015), रौशनी के दिए (2016) (, खुशबू रातरानी की (2016), ख़्वाब अनछुए , शाम सुहानी (2017, 2019), यादों के दीप (2019), मंदाकिनी (2019), आस किरन (2020), बूँद बूँद आँसू (2020)(सभी ग़ज़ल संग्रह)। गीतिका गुंजन (2020), सरगम

साँसों की (2014, 2020), रजनीगन्धा (2018), भावांजलि (2017, 2020)(गीतिका संग्रह), सत्यनारायण कथा (पद्यानुवाद)(2007)। मुक्तक मुक्ता (2015), मुक्तकाञ्जलि (2018), मन के मनके (2020)(सभी मुक्तक संग्रह)। दोहा सप्तशती। (2000)। एक हवेली नौ अफ़साने (2018), रास्ते प्यार के (2019), अमला (2019), पायल (1972),अतीत के पृष्ठ (1973), आहों के फूल, अँगना कँगना , अँजोरिया , कफ़न के लुटेरे , जल बिच मीन पियासी, सई, मैडम नोरा, भुतहा किला विदा बेला (उपन्यास)। सूर्यास्त(2019), सिंधु सुता(2020), प री है वो (2021) झुलनप्यारा (कहानी संग्रह)। साईं गाथा (महाकाव्य)(2019), साँझ सुरमयी (2001), गीत गुंजन (2018, 2020), गीत धारा (2017), मीत के गीत (2019), आ जा मेरे मीत (2020),(सभी गीत संग्रह)। बसन्त के फूल (कुण्डलिया संग्रह)(2020)। चुटकी भर रंग (2019), जुगनू (2019)(दोनों हाइकु संग्रह)। चंदन वन (तांका संग्रह)(2020), इंद्रधनुष (चोका संग्रह)(2020), मेहंदी के बूटे (सेदोका संग्रह)(2020), नयी डगर (वर्ण पिरामिड संग्रह)(2020)।

'लौट आओ रुद्र' (उपन्यास का पूर्वार्द्ध) प्रेस में ।

सम्पादन -

मन के मोती (2071), मकरंद (2072), सौरभ (2073), मौन मुखरित हो गया (2017)(चारो कविता संग्रह), अँजुरी भर गीत (गीत संग्रह)(2017), शेष अशेष (स्मृति ग्रन्थ)(2014), हास्य प्रवाह (हास्य व्यंग्य कविताओं का संग्रह)(2018), थूकने का रहस्य (2019) करामाती सुपारी (2019)(दोनों हास्य व्यंग्य संग्रह)।

प्रसारण -

गीत, वार्ता, तथा कहानियों का आकाशवाणी, फ़ैज़ाबाद से समय समय पर प्रसारण ।

सम्मान -

श्रीमती राजकिशोरी मिश्र सम्मान, श्रीमती सुभद्रा कुमारी चौहान स्मृति सम्मान, काव्यालंकार मानद उपाधि, छन्द श्री सम्मान, कुंडलिनी गौरव सम्मान, ग़ज़ल सम्राट सम्मान, श्रेष्ठ रचनाकार सम्मान, मुक्तक गौरव सम्मान, दोहा शिरोमणि सम्मान, सिंहावलोकनी मुक्तक भूषण सम्मान, दोहा मणि सम्मान।

सम्प्रति -

सेवा निवृत्त प्रधानाचार्या(रा0 बा0 इ0 कालेज जलालपुर, जिला अम्बेडकरनगर उ0

प्र0) से।

सम्पर्क सूत्र - ranjana.vermadr@gmail.com

5

CONTENTS

एक

ओ प्रवासी !
कल्पना
ले कर हमारी
चल पड़ा है
अब किधर तू ?
बोल मानी !

रे मदिर !
यह सरित का जल
कर रहा है प्रिय !
किलोलें
लहर लेती हैं
हिलोरें ।
बैठ कर मैं
बालुका के तीर पर
नयन से हूँ
जल गिराती
नियति पर
आंसू बहाती ।
दया कर तू
विरहिणी पर
कल्पना कर
मिलन क्षण की ।

फिर बता
तेरे लिए
है पंथ क्या
और
पंथ की थकन क्या ?
स्वेद कण क्या?
दो नयन ये
जल भरे
तेरी प्रतीक्षा में
खुले हैं ।

ओ मदिर !
अब लौट भी आ
स्वप्न का लेकर सहारा
अब जिया जाता
नहीं है
कल्पना का लोक
मन को
अब बहुत भाता
नहीं है ।
आ
चला आ
कल्पनाओं को
पिन्हा दे
सत्य का बाना
तृप्त हो जाये
हृदय यह
और मन भी ।
आ
हमारे स्वप्न
सब साकार कर दे

जिंदगी में
प्यार भर दे ।।

दो

देवता हे !

ले मेरा मन

जा पड़े हो

अब कहां तुम ?

प्राणप्रिय !

तुम हो दयानिधि ।

याद है क्या

वह कालिंदी का तट

शीश पर घट

घर चली थी

जब किशोरी

नयन चंचल के

मृदुल जल

से मिली थी

आंख भोरी

और

फिसल कर

जा गिरे थे

रेत पर तुम ।

वृषभानु सुता भी

हँसी थी

उठ पड़े थे

लजा कर तुम ।

फँसा कर
निज चरण चंचल
गिराया था नंदिनी को ।
तोड़ कर
घट मृतिका का
कहा था –
"तुम स्वयं घट हो
मधु भरा
सौरभ भरा घट ।"
कहा था
कर थाम तुमने
स्नेह से
अनुराग से –
"छोड़ी नहीं जाती प्रिय !
बाँह कभी थाम कर ।"
और तब
वह रंगिनी भी
खो गई अनुराग में ।

भुला बैठे हो
उसी अनुराग को
उस राग को
जो है तुम्हारा
प्रथम प्रेम
भावना का उद्गार
कर गये तुम
कितने ही
देखे अनदेखे
सपने साकार
त्याग अहंकार

पाया जिसने तुमको
छोड़ दिया
उसी का खुला द्वार ।
बन्द पट
होते नहीं अब
रह गये
उद्घाटित
प्रतीक्षा में
तुम्हारी ही ।
आ जाओ
भरने वह अंतराल
सन्तुष्ट हो प्रतीक्षा
मत रो यों
बन प्रवासी ।

तीन

भूल गए
मथुरा में जाते ही
श्याम हमें ।
याद करो प्राण !
वह राका रजनी
फैली थी
चांदनी
मंजुल दिशाओं में
और तुम
भानुजा के तट पर
वंशी के वट तर
कर में सलोने श्याम
थाम के मुरलिका
बिखरा रहे थे
मधुर राग ।
छोड़ निज धाम
त्याग सखियों का संग
सुध बुध भूल सब
आई थी मैं
भाग कर
और
पाया था दर्शन
चंचल अलकें थीं

छिटकती मुकुट में से
मोर पंख अद्भुत
छटा दिखलाता था ।
भाल पर
सुशोभित था
सुंदर तिलक
पीत पट का कछाड़ा
थे तुम कसे हुए
उत्तरीय उस पर
ओढ़े रक्त वर्ण का ।
ग्रीवा में शोभित थी
बेले की पुष्प मालिका ।
मैंने भी चुपके से
धीरे से पास जा कर
मूंद लिए नयन कमल
और तुम हँसे थे मन्द
झट से पकड़ कर बाँह
खींच कर आगे मुझे
चुंबन था जड़ दिया
मेरे चंद्र मुख पर ।
लज्जित सी होकर तब
बोली कि मैं –
"हाय श्याम !
नटखट हो, चपल हो ।
देखेगा जो कोई मुझे
हो जाऊंगी
बदनाम मैं ।
बोले तुम –
"सच में
होगा न कुछ भी

देखेगा तुम्हें जो कोई
सोचेगा कि कोई
मंजु कलिका
है विकसी
और वह
लिपट लिपट
डाली से
वायु के झकोरों से
झूम झूम
मंजु सुख पाती है।"
बोली थी मैं -
"छोड़ो नाथ !
 ब्रज के हो नाथ
 बरसाने के न कुछ भी।
किंतु मैं तुम्हारी हूँ
 और तुम मेरे हो।"
तुमने कहा था हँस -
"तेरा ही नहीं हूँ आलि !
सारे जग का मैं
उतना ही हूँ
जितना कि तेरा हूँ।"
"किंतु प्राण !
प्रेम पर तुम्हारे
बस मेरा आधिपत्य है।"
"नहीं,
यह भूल है तुम्हारी।
ब्रज का हूँ नाथ
बरसाने का
न कुछ भी।
और तुम

बरसाने वाली हो ।"
कह कर हँसे थे तुम
और थी लजायी
वह बरसाने वाली ही ।
बरसाने वाली
जल बरसाने वाली थी
दुख और क्षोभ से ।
तुमने स्व कर
कंधे पर धर मेरे
कहा बड़े प्रेम से –
"दुख मत करो
मैं तुम्हारा ही
बहुत हूँ ।
तुम ही हो मेरे
मन मंदिर की मूर्ति ।"
मैंने बरसाया जल
प्रेम और हर्ष से
और थे अधर स्मित
मेरे भी
तुम्हारे भी ।
मिलनातुर बाहों में
कम्प था
भरा थोड़ा
और मन निगोड़ा तो
सिहरा था भाव भरा
आँचल का
थाम कर छोर
रही वो उमेठती
कितनी ही देर तक
हाथ धरे वक्ष पर

स्वयं को समेटती
सहेजती ही रही ।

चार

कहो प्रिय !
भूल हो गए क्या
ब्रज की
वे प्रिय क्रीड़ाएँ
जिनके लिए था तजा
तुमने बैकुंठ भी ।
फूटती थीं जैसे ही
किरणें भुवन भास्कर की
कर में मुरलिया ले
कांधे पर कलेवा धर
स्मित अधर युत
संग ग्वाल बालों के ।
वृन्दावन शोभा में
अति सुख पाते थे
धेनु संग ग्वालों के
चराते हर्षित थे
और क्षुधित होने पर
करते कलेवा
घूम कुंज विपिनों में
नित नयी छवि पाते थे ।
और उस दिवस
जल हेतु जब

गई थी वो
ललिता लजीली
ले करों में घट स्वर्ण का
जिसमें लिये थी वह
तुम्हें ही खिलाने हेतु
नवनीत और कुछ
मिश्री की डलियां ।
घट को उतार
बैठ धीरे से
पनघट पर
देखा सब ओर
जब तुमको न पायी वह
खिन्न हुई मन ही मन
सोचने लगी –
"क्यों नहीं आया वह
रंगीला श्याम
मुरलीधर हाय
हमसे क्या रूठा है ?
आती कोई ललना है
जल भरने को यहां
जा ही नहीं पाती
बच नटखट की छेड़ से ।
आज क्या न आया श्याम
सुरभि चराने हेतु
या चला गया है किसी
दूसरे अरण्य में ?
किया अपराध है क्या
किसी अंगना ने यहां
छोड़ पनघट

चला गया
कहीं और वह ?
उसके बिना ये वन
सूना सा दिखाई देता
और पनघट जल हीन
हुआ जाता है ।
सोचती विचारती थी
पेट के बल लेटी थी वह
स्वर्ण घट मुख पे
कमल - मुख रख कर ।
लेटी सी उदास सी
अलकें बिखर
मुख छटा को
बढ़ाती थीं
और वह मौन थी ।
नेत्र मूंद
एक हाथ
घट पर डाल वह
करती विचार
घनश्याम के
न आने पर ।
आया था मुकुंद
जल लेने हेतु
पनघट पर
कर वन - भोजन
तृष्णा को बुझाने को ।
देख तरुणी को
पनघट पे उदास पड़ी
मोहन की तृष्णा
स्वयं जैसे बुझ गई ।

आया एक चंचल विचार
उसके मन में ।
"क्यों न इस तरुणी को छेड़
सुख पाऊँ मैं ?"
पहुंचा समीप
हाथ डाल दिया घट में
लेकर नवनीत
तरुण के मुख पे मला
खोल के नयन - पट
देख घनश्याम को वो
बाँह थाम बोली -
"प्यारे !
तुम तो विचित्र हो ।
चंचल, चतुर
आकर खाते
चुपचाप
रस मुख में लगा कर
हमें तुमने सताया क्यों ?
पर - तरुणी के संग
छेड़ करते हुए
तुम्हें लाज नहीं आती
कहो गोकुल के राजा हे ?
किसके कहने से
घट फोड़ते हमारे और
माखन चुरा कर यों
भाग कहां जाते हो ?"
बोला हँस श्याम -
"मुझे चंचल
चपल जान के भी

आती हो यहां क्यों ?
कहती हो
माखन चुराता हूँ
मैं आकर
तो
यह भी है झूठ
मैं तो राज अधिकारी हूँ ।
तुम भी हो मेरी
नवनीत भी तो मेरा ही है ।
अपनी ही वस्तु
भला क्योंकर चुराऊं मैं ?
रहती हो मेरे राज
कर नहीं देती कभी
जमुना हमारी
जल कैसे भर लेती हो ?
चाहती हो तुम कि मैं
कर भी न तुमसे लूँ ?
"दूंगी मैं कहां से ?"
"बरसाने के महल से ।"
"नटखट श्याम !
आज ऐसे
नहीं छोड़ूंगी मैं
माता जसोदा के पास
तुम को ले जाऊंगी ।
कैसा लाल उनका है
उनको बताऊँगी
कि भोला है नहीं
बड़ा चपल बनवारी है ।"
बोली हँस ललिता
मधुर मुस्कान से ।

"छोड़ो,
आह मेरी सखी !
अब न सताऊं तुम्हें
राजनंदिनी तुम्हारी
मेरी भी सहेली है ।
जागती न तुम थी
जगाया नवनीत देकर
तुमसे संदेशा
भिजवाना था
कुमारी को ।"
"कहो, कहना है क्या ?"
पूछा तब तरुणी ने
और पूछते हुए
पकड़ कर ढीली दी ।
कर कर मुक्त,
घट छीन
हँस बोला कृष्ण -
"कुछ भी नहीं
ये मुक्त होने हेतु चाल थी ।
फँस गई जाल में तो
चलो मत चाल तेज
गोरस मैं खाकर घट
तुम्हें ही लौटाऊंगा ।"
कह कर सस्मित
नवनीत सब डाल मुख में
वह घट फेंक कर
फिर से चला गया
और मुग्धा सी वह
देखती ही रह गई
श्याम अभिराम को ।

और उस रोज़
रात आधी
घिर गई जब
सोते हुए पंछियों को
कंकरिया मार
अनायास ही
जगाया था
रूठी थी राधा
और मन का वही तो रोष
बिना किसी कारण
निकाला खगकुल पर ।
क्रोध से कहा था –
जब नींद नहीं आती मुझे
तुम ऐसे बैठ
निज घोंसले में
सोये हो ।
सहम गये थे सब
पंख फड़फड़ा के
उड़ गये थे गगन में ।
और कुछ देर बाद
याद भूल आई जब
बाँसुरी पे
बड़ी मीठी
प्यारी सी
थी तान छेड़ी
सुन कर जिसे
सब शांत हुआ
कलरव
उसी क्षण
राधिका ने
दरश दिखा के तुम्हें

पल में मिटाया रोष
हुआ मन
विगलित ।

पाँच (अ)

याद मुझे आती

वह रात

बार-बार

कृष्ण गए जब

सुरभि चराने हेतु वन में ।

देख सांझ ढलती

कहा था बलदाऊ से -

"जाओ ले सुरभि

आऊंगा मैं कुछ देर में ।"

पूछा बल भैया ने -

"क्या घर नहीं जाओगे ?"

"जाऊंगा परंतु

अभी जाना बरसाने है ।"

"नभ में तो मेघ नहीं

न ही मेघमाला कोई

जल बरसाना है

कहां से बरसाओगे ?"

"समझे न भैया तुम

वृषभानु वनिता

जो रहे बरसाने में

उन्हीं ने बुलाया है

उन्हीं के पास जाना है ।"

"किंतु क्यों ?"
"न जाने ..
जो न जाऊं बुरा मानेंगी ।
बाबा की या माता की
बुराई जो करेगी वो
न मुझे सह्य होगी वह ।"
बोले बलदाऊ हँस -
"जाना पर पहले
माता को दरस दो
जो करती प्रतीक्षा है
खड़ी हो गवाक्ष पर ।
करो कुछ भोजन
जो रुचिकर भावे तुम्हें
फिर चले जाना
बरसाने या लुटाने को ।"
कहा हँस मोहन ने -
"बातें हैं तुम्हारी मान्य
तुम तो हो पूज्य
भला बात कैसे टालूंगा ?"
और गेह जा के
माँ को दरस दिखा के
कुछ खाया मधु श्याम ने ।
पी कर कुछ जल बोले -
"जाऊँ माता अब तो ?"
बोली वह -
"सलोने, चले जाना कभी
फिर भी ।
दिन के थके हो
विश्राम तो करोगे कुछ ।"

कहा –
"नहीं मात,
नहीं मुझ को थकन है
आज हृष्ट चन्द्र ने
बिछाई चांदनी है ऐसी
दूध में नहाई सी है
लगती ये चंद्रिका ।
जाता हूं मैं मात !
घबराना मत मन में
सुत मैं तुम्हारा हूँ
चंद्रिका पुकारती है
शीघ्र लौट आऊंगा ।"
सुन कर मंद स्वर में
हँसी यशोदा तब
हुआ गर्व उनको
अनोखा
निज भाग्य पर ।
बढ़ चला श्याम
मंद मंद मुस्कान लिये ।
मुरली मनोहर कर में
उर पर शोभित
बैजयंती माल ।
मंद मुस्कान युत
अधर पर वंशी धर
बंशीधर ने वंशी फूंक दी
यूं ही खेल खेल में ।
यमुना के तट तक
ही तो आया नटखट वो
ध्वनि मुरली की हुई
प्रसृत दिगन्त में ।

सुनते ही वंशी - धुन
चौंक उठी रमणियाँ
निज कुल की मणियाँ
नयनों की छोड़ नींद
भागी अनन्त में ।
तोड़ गई मुरली की धुन
नींदें सबकी ।
सुध आई मोहन को
अचानक ही ।
सोचा -
"अरे, ये क्या किया मैंने ?
अपनी प्रजा का ही
निद्रा - सुख लूट लिया ।
और तब अधरों से
बांसुरी हटा कर
तेज झूमती सी चाल से
चल पड़ा वो
बरसाने को ।

❀ ❀ ❀

छै

दूसरे प्रहर के
आते ही वहां पर
बरसाने की सुहानी
शस्य श्यामला धरा पर
वेणु ध्वनि प्यारी
लगी सुधा बरसाने थी ।
राज ललना तो
अभी-अभी सोई थी
नींद की सुहानी वादियों में
कहीं खोई थी ।
नींद पहली थी
अतः टूटी नहीं शीघ्र ही ।
जगी राजरानी
दौड़ी
पहुंची गवाक्ष पर
देखा उपवन में
खड़ी वह मंजु मूर्ति थी ।
देख उस रूप को
विमुग्ध ठगी सी रही
किंतु हाय देखा
उस विकट समूह में
राधिका नहीं थी

बस मुरली की धुन थी ।
सोचने लगी -
"क्या राजनंदिनी
है सोई अभी
अथवा मुटाव हुआ
इन दोनों के ही बीच है
यदि कुछ ऐसा है तो
दोनों को मिलाऊंगी
दोनों के ही सारे झगड़ों को
निबटाऊंगी ।"
गई जो शयनकक्ष
सोई देख राधिका को
मोह सा हुआ था तब
उस को जगाने में ।
तभी उस बालिका ने
करवट ली स्वयं
और कजरारी
उन काली-काली पलकों को
धीरे धीरे खोल कर
निहारा चारों ओर था ।
कानों में पड़ी जो
बांसुरी की धुन नेह भरी
अंखियों में राग जगा
दौड़ पड़ी बाहर
और गई श्याम सन्निकट
भाग अनजाने ही ।
राधिका को देख
वेणु वादन ठहर गया ।
बोलता मुकुंद -

"आओ रास कुछ देर करें
चांदनी है रात
मंद मंद बहे वात
चंद्र मन्द मुस्कान भरे
देखता प्रिया को निज ।
मलय समीर मंद
शीतल सुगंधमय
लिए है पराग
सुरभित कर भूमि को
बहे गंद मंद गति से ।
आओ इस चांदनी में
प्रेम भरी रागिनी में
रास करें हम भी ।"
सुन कर सु उक्ति
घनश्याम की मधुर बात
बज उठी वेणु
घनश्याम की आनन्द से ।
तबलों पर थाप पड़ी
मृदंगों की मधुर कड़ी
संग संग वंशी के
मधुर समां बंधता ।
गोप गोपियाँ भी
संग संग ताल उसके
मिला कर निज ताल – पग
नृत्य करने लगे
किंतु यह नृत्य भी
हुआ न देर देर तक
और सब वाद्य, ताल
आप ही ठहर गए ।

होकर विमुग्ध सब जन
चुपचाप हुए ।
गूंजता था शब्द बस
श्याम की ही मुरली का
जन थे सभी विमुग्ध
चित्र लिखे से खड़े ।
कितनी ही देर बाद
रोक निज वेणु स्वर
बोले श्याम मृदु स्वर
स्मित अधर युत
मंद मंद हँस के-
बीत रही रात
तीन पहर व्यतीत हुए
जाएं आप सब अब
अपने भवन को ।
मुझको भी देर हुई
जाना अभी गोकुल है
बाबा और मैया
वहां करते प्रतीक्षा हैं ।"
"आओगे न फिर लाल ?"
पूछा राजमाता ने ।
"आऊंगा न क्यों माँ !
बरसाना भी तो मेरा है
या है उस पर अधिकार
मात्र आपका ?"
"यह कैसी बात ?
बरसाना मेरा
न तुम्हारा है
यह तो जगत का है

सारे जन गण का है
वसुधा भी कहीं
मेरी या कि तेरी होती है ?"
"तब फिर कहना क्या ?
आऊँगा अवश्य माता !
यह मत सोचना
कि भूखा चला जाऊंगा ।"
"नहीं पुत्र !
भूखे भला जाओगे
वापस क्यों ?
अन्न की कमी है कहां
इस बरसाने में ?
इंद्र बरसाते सदा
सोना धन-धान्य है
आओ यदि तुम
संग गोकुल जनों के
तो भी कमी नहीं होगी
मन में विचार लो ।"
"मेरे नन्द बाबा भी
दरिद्र तो नहीं हैं माता !
धन धान्य इतना है
सारे जग को खिला दें वे ।
किंतु ये बताओ
जाऊं आज
खाली हाथ ही मैं?"
हँसी रानी
भेज दिया चेरी को
महल में
मंगवाया नवनीत

मिश्री की डलियाँ
देकर श्यामसुंदर को
बोलीं बड़े प्रेम से -
"खाओ और खिलाओ
चलो मेरे ही भवन में ।"
माधव को संग लिए
राधिका के संग रानी
चली निज गेह हित ।
जाते देख माधव को
सब गोप गोपियां
करके प्रणाम
निज निज गृह को गए ।
गए तो मुकुंद
संग रानी के महल किंतु
जाकर बैठे सीधे
राधिका के शयनकक्ष में
कुछ क्षण बातें कर
श्याम से दुलार भरी
रानी भी चली गई ।
और अब
कृष्ण राधा
उस कक्ष में अकेले थे ।
बोला हँस कृष्ण -
"सखी, हमसे न बोलोगी
आज लाज पट से क्या
मुख भी न खोलोगी ?
सुन के लजाई,
मुस्काई,
हँसी अधरों में

किंतु हठ याद कर
बोली नहीं कुछ भी ।
जिद देख प्यारी की
हँसा मंद मंद श्याम
सोचता हुआ सा बोला -
"जाता हूँ मैं गृह को ।
देर हुई आज
घर माता घबराएगी ।"
और न प्रतीक्षा कर
राधिका के उत्तर की
चल दिया श्यामकृष्ण
धीरे धीरे गृह को ।
देख उसे जाता
अनचाहे बोल पड़ी राधा -
"क्या अभी ही जाओगे ?"
हँसा कृष्ण -
"कहो तो न जाऊं
पर रूठी रहो तुम
मैं तो जाऊं ग्वाल बालों में ।"
सुन कर सु - वचन
लजाई सकुचाई कुछ
बोली मुस्कुरा कर -
"मनाया तुमने मुझको ।
तुमने कहा था
तुम्हें क्षण में मना लूंगा
हार गई हूं मैं
जीते मदन बिहारी ही ।"
लौटा श्याम थाम हाथ
कोमल कुसुम सम

बोला –
"चलो राधे, चलें,
सुंदर विपिन में बैठ कुछ देर
करें बातें गेह नेह की ।"
और खींच हाथ
चल दिया वह विपिन में
राधिका भी संग संग
मोहित सी आ गई ।
पहुंच विपिन में
कुंज में
निकुंज में
प्रिया संग बैठ श्याम
करता ठिठोली था ।
तभी डालियों के बीच
झूम कर कलिका ने
चूम कर शशि - मुख
स्वर्ग - सुख पा लिया ।
लज्जित सी बाला वह
रक्तिम कपोलों पर
आयी झूम कर लट
असित सु केश की
आकर उस सुंदरी की
सुषमा बढ़ा गई ।
कितनी ही देर वहां
छाई रही निस्तब्धता ।
मौन यह खलता था
श्याम और सुंदरी को
किंतु एकाएक बोल पाया नहीं
कोई भी ।

तोड़ कर नीरवता
बोली तरुणी ही -
"कहो
मुझको क्यों लाए हो ?
बातें करनी थी तुम्हें
चुप होकर बैठे हो क्यों ?"
"लाज लगती है ।"
"तो कहोगे फिर किससे ?"
"उससे ही
ब्याह कर लाऊंगा
मैं जिसको
और हाथ थाम जिसे
अपनी बनाऊँगा ।"
"लाए तो मुझे क्यों यहां ?
जाओ तुम उसी के पास ।"
"किस के ?"
"हाथ थाम जिसको
बनाओगे तुम अपना
मैं तो हूं पराई
संग मेरे
क्यों रहोगे अब ?
हाय, सुन के कलेजा
सुकुमारी का
जलेगा न क्या ?"
"कैसी हो किशोरी !
बात सुन तो लो मेरी ..."
"छोड़ो छोड़ो बनवारी !
अब मुझसे न बोलना ।"
भर कर क्रोध से

कांप उठी बाला वह
आंखें भर आयीं
क्रोध,
ईर्ष्या और दुख से ।
थाम कर बाँह
खींच अपने समीप
बोला श्याम हँस -
"होती तुम्हें
इतनी जलन क्यों ?
जाऊंगा उसी के पास
बातें भी
उसी से करूं
तुम हो सहेली
आया इस से ही मिलने ।
मिले बिना जाता चला
बातें तो सुनाती तुम
निर्दय, बेदर्द,
जाने क्या क्या कह डालती ।
जल गई ईर्ष्या से
इतना भी पूछा नहीं
नाम है हमारी
उस प्यारी
सुकुमारी का क्या ?"
"आंखों से गिरा के अश्रु बिंदु
कहा राधिका ने -
"करूंगी क्या नाम जान
उस भाग्यवाली का ?
मैं तो हूँ अभागिनी
अभागिनी रहूंगी सदा

छोड़ो श्याम ! जाओ
वह करती प्रतीक्षा है ।"
अश्रु पोंछ तरुणी के
बोला बृजलाल -
"प्रिय ! रोती हो भला क्यों ?
अपना ही चाहती हो
रखना बना के हमें
कहीं और जाऊं
तब और दुख मानोगी ।
जानता नहीं था
मन छोटा है तुम्हारा ऐसा
जानता था तुम को
विशाल मन वाली मैं ।
किंतु तुम तो हो बस
साधारण नारी ही
संकुचित मन वाली
ईर्ष्यायुक्त अंतर की ।"
धर कुछ धीर
स्वर को किया गंभीर कुछ
बोली राधा -
"आए हो क्या
हमको रुलाने ही ?"
"मैं भला रुलाऊंगा क्यों ?"
"मानती तुम्हें हूँ मैं
आराध्य देव अपना ।
चाहे जिसके हो जाओ
जिसके भी
पास जाओ
मुझको न भूलो
बस चाहती हूँ

इतना ही ।
मुझ सी अनेकों हैं
तड़पती तुम्हारे लिए
मुझको रुला लो पर
उनकी खबर लो ।
आए छोड़ क्षीरनिधि
यहां ग्वालिनों के बीच
कितनों के
हृदय तड़पते ही रहते हैं
एक दृष्टि
मात्र एक दृष्टि भर पाने को ।
पाकर तुम्हें भी आज
हाय मैंने खो दिया ।
कहते हो तुम
पूछती हूँ
बतलाओ प्रिय !
नाम क्या है
उस भाग्यशालिनी कुमारी का ?"
"सुनके तुम्हारा उर
ईर्ष्या से जलेगा तो
नयन तुम्हारे
और जल बरसायेंगे ।
दोगी दोष मुझ को ही
सह्य तो न होगा यह
आखिर हो नारी
पर नारी भी विचित्र हो ।"
"शपथ तुम्हारी
मैं न रोऊँगी कन्हाई
तुम सच बदला दो मुझे
नाम क्या है उसका ।"

"ऐसी भी क्या तुमको है
जानने की जिज्ञासा ?
इतनी क्यों उत्सुक हो ?"
"सौत है वो मेरी
इतना भी न बताओगे ?"
बोली आंखें पोंछ कर
वृषभानु की लली ।
"खोलो कर्ण- मार्ग
ध्यान बातों पर
लगाओ मेरी
साफ-साफ सुन लो
मैं फिर न बताऊंगा ।
हो क्या तत्पर तुम ?"
"हां, कहो, बताओ भी ।"
सुनो राधिका !
नाम उसका है 'राधिका' ।"
सुन कर बाला यह
लज्जित सी हो गई ।
हँस कर श्याम ने
उठाया मुख उसका ।
चिबुक पकड़ के सलोना,
गोरा मुखड़ा
रक्तिम कपोल
झूमती थी लटें आ आ के
भौंहें थीं कमान बनी
काम के धनुष की
और अधरों पर
मुस्कान मंद खेलती ।
चन्द्र ज्योत्स्ना में
भीगते थे

कृष्ण राधा दोनों
फूल खिले जाते थे
आनन्द के प्रकृति में ।
सृष्टि मुस्करा रही थी
प्रेम देख उनका
अनिल मलय - युत
रुका सा ठगा ठगा ।
और चंद्रिका ने
हार तोड़ कर अपना
सृष्टि पर वार दिए
मोतियों से जुगनू ।

❀ ❀ ❀

सात

भूल क्या गए हो नाथ
गत की सुहानी रात
सखियों के संग
जब गई थी मैं
वृंदा के विपिन में
क्रीड़ा हेतु ।
तुम भी एकाकी उस
राकेश की ज्योत्सना में
आए थे भ्रमण मिस
देखने प्रकृति को ।
प्रकृति की पुजारिन मैं
चंद्रकला आदि संग
वंशीवट के नीचे
करती किलोल थी
और सूर्यजा की
छलछलाती हुई
लहरों को
देखती थी अपलक
एकचित्त
दृष्टि भर ।
चीरती हुई सी उस
निशा के तिमिर को

बहती पवन
मृदु मन्द मंद गति से
देख वह दृश्य हम
मुग्ध हुई जाती थीं।
लगता था मानो
गौरवर्णा वसुंधरा ने
पहनी असित सारी
भानुजा के रूप में।
झलमल झलमल
तारिकाओं का स्वरूप
बने प्रतिबिंब
उस शाटिका में जड़े हुए
सलमा सितारे थे।
रेणु रज फैली हुई
यमुना के तट की
श्याम वर्ण शाटिका की
रजत किनारी थी।
विहँस रहा था शशि
नीलकांत नभ मे
रूप देखता था मुग्ध, शांत
निज धरणी का।
कदंब के तरु के समीप
एक कुंज देख
कुंज के समीप हम
बैठ गयीं
धूल पर।
घूमते हुए से तुम
आए थे निकट
और छिप गए जाकर
उस माधवी निकुंज में।

हम को डराने हेतु
तुमने किया था जो भी
याद है तुम्हें या श्याम
आज वह भूले हो ?
बांसुरी के मुख में
फंसा के लतिका का पत्र
मोड उस पत्र को था
फन सा बना दिया
अंतिम सिरे पर मुरली के
लतिकाओं की
कोमल कुछ एक
मृदु डालियाँ लगाई थी
और
खिसका दिया था उसको
हमारे पास
माधवी निकुंज ओर
माधुरी की पीठ थी
पाकर स्पर्श उस मुरली का
चीख पड़ी - "हाय राम
मरी मैं बिना मौत के ।"
चौंक पड़ीं हम सब भी
खींच कर माधुरी को
जान उसे फणिधर ही
भागीं हम सब
जो जिधर भाग पाई थी ।
और मुग्धा सी मैं
घूम कर फिर अरे
घुस गई जाकर उसी
माधवी निकुंज में ।
आया चेत

एकाएक
हाय यह क्या किया ?
किंतु मैं तो फिर से
अचेत सी बनी हुई
होकर आकर्षित
उस फणिधर से
झुकी थी उसी पर
उसे हाथ में उठाने को ।
किंतु झुक पाई नहीं
बीच में ही तुमने
पकड़ मुझे खींच उसी
कुंज में गिरा लिया
और तब आया चेत
हँसा घनश्याम जब
तुमने कहा था –
"कैसे भूल इधर आई हो ?
प्रकृति की ऐसी
निबिड़ तिमिर युत
असित निशा में तुम
आयी गेह छोड़
तुम्हें माता नहीं रोकती ?"
"रोकती है किंतु
सखियों का
हठ देख कर
भेज देती है मुझे
जानती हैं गिरधर है
गोकुल का युवराज
इसी से तो
वे इतनी निश्चिंत हैं ।"

कह कर हँसी मैं
पर तुम गंभीर थे ।
होकर के क्रुद्ध
तुम बोले थे यों मुझसे-
"आती हो अकेली
अबलाओं संग रात में
बैठती हो आकर
इस जमुना की रेत पर
लज्जा नहीं आती तुम्हें ?
जानती हो जग है
अच्छे भले को भी जो
बीमार बना देता है
अच्छे अच्छों को भी
कर देता है बदनाम ।
तुम भी तो छोटी नहीं
राजनंदनी हो
किंतु इस गोकुल में
मेरा ही राज है
और युवराज होकर
देता हूं आज्ञा यहां
आना नहीं
अब फिर यमुना के तट पर
उठ कर
स्वागत करूंगा मैं ही
रात में न आना किंतु
बात मेरी मान लो ।"
देख कर तुम्हारा मुख
लाल लाल नेत्रों को
सुन कर गंभीर स्वर

अचल बनी रही ।
इतना भी साहस
नहीं था
कि पैरों को उठा कर
शांत चली जाती
अपने गृह में
अथवा मैं करती
उस आज्ञा का विरोध ही
चाहती थी कहना
मैं तो बहुत कुछ
किंतु बोल फूटते
नहीं थे इन अधरों से ।
कम्पित अधर
काँप काँप रह जाते थे ।
तड़प उठी मैं
तिलमिला कर ही रह गई
किंतु जो न कह सकी
आंसुओं ने कह दिया
आंखों से छलका जल
बह उठा कपोलों पर ।
दशा देख मेरी तब
द्रवित हुए थे तुम
प्यार से स्वयं
निज स्वर किया धीमा तब
नम्र होकर कहा था –
"प्रिय, बुरा मत मानना,
इस राजाज्ञा का
उल्लंघन न करना
वरना बनोगी
तुम राजदंड भागिनी ।"

सह न सकी मैं
आह, यह कैसी लांछना ?
जिसके लिए थी
आज तक
मैं चुराती द्रव्य
वही आज चोर कह
दंड मुझे देता है ।
हाय क्या यही है
इस भाग्य की
विडंबना ?
होकर तिरस्कृत
प्राणपति माधव से
काँप उठी ग्लानि से
क्रोध और क्षोभ से ।
दुख और आत्मग्लानि
मुझको जलाती थी
बोली तब -
"अरे श्याम !
क्या कहते हो तुम ?
कारण तुम्हारे ही तो
आती हूँ मैं ब्रज में ।
भाता जो नहीं ये तुम्हें
कह देते सीधे ही
अब मत आना
साथ ठीक नहीं तेरा है ।
अथवा कुछ और
पर कैसी यह लांछना ?
बरसाने में जिसे
आदर हैं देते सभी
जिसका है आधिपत्य

सदा उनके प्यार पर
राजनंदिनी है जो
राज्य बरसाने की
जिस की कुटिल दृष्टि
देख कर
सखियां भी
काँप काँप जाती हैं
भय और आशंका से
उसने तुम्हीं पर है
प्राण निज वार दिया
आती है तुम्हारे पास
मिलने के हित
पाँव पयादे ही
आधी आधी रात को
उसको ही आज तुम
लांछित यों करते हो
और राज दंड का भी
भय दिखाते हो ।
कह देते शांति से उसे क्या
मैं न मानती ?
चाहती मैं दया नहीं
स्वयं सुरेश से भी
किंतु न्याय मांग लूंगी
बिना किसी लाज के
किसी भी अस्पृश्य से ।
होकर युवराज
जान सारी राजनीति तुम
अबला पर आज
निज बल दिखलाते हो ।
लज्जा न आती तुम्हें

मुझको लजाते हो ?
कोई भी मनुष्य
असहाय जब होता है
कर नहीं पाता कुछ
दोष देता भाग्य को
और आंसू भी तो
ये अभागे
बह आते हैं ।
जब जग सारा
छोड़ देता साथ प्राणी का
अपने शरीर के ही अवयव
छोड़ जाते साथ जब
आंसू ही अकेले तब
साथ साथ होते हैं ।
वह ही अकेले मित्र
सदा साथ देते हैं ।
दशा कुछ ऐसी ही तो
हुई जाती राधिका की
मुखड़ा उदास
क्रोध क्षोभ दर्शाता था ।
अश्रु बिंदु
ढुलक रहे थे तब उसके
सुंदर गुलाब जैसे
सुघर कपोलों पर ।
देख कर यह
धक्का जैसा लगा
श्याम को
कोमल हृदय भर गया
आत्मग्लानि से
सोचने लगा –

"क्यों ऐसे
दिल को दुखाया मैंने
आज प्राणप्यारी
राजरानी
राधा रानी का ।
बोला यूं मुकुंद -
"दुख मत मानो प्रिय !
कह देना यह बात
अपनी सब सखियों से ।"
"दूती मैं नहीं हूं
जो तुम्हारा
यह संदेश
जाकर कहूं सखियों से ।"
देख कर क्रोध
हँस कहता मुकुंद -
"रूठी हो क्यों आज ?
बात पहले ये सुन लो
काम तुम लोगों का यह
ठीक नहीं है प्रिये
आई हो जो मेरे पास
हर्षित हूँ मिल कर
किंतु यह सोचो सखि,
मेरी अनुपस्थिति में
आके यदि कोई
तुम लोगों को सताएगा
अच्छा क्या होगा ऐसा ?
यदि हां तो आओ
मैं भी
बाधक बनूंगा नहीं ।"

"ठीक कहते हो
आना ठीक यों हमारा नहीं
हम नहीं आएंगी
मिलेंगी कैसे तुमसे ?"
बात को समझ
नीर पोंछ
बोली राधिका ।
कहा हँस श्याम ने -
"हँसो तो तुम थोड़ा सा
हँसोगी नहीं तो
फिर उत्तर न पाओगी।"
राधा चुपचाप
मुख देख कर मोहन का
 मुसकाई किंतु
मुसका न सकी ढंग से ।
देखती ही रही अपलक
मुख कृष्ण का ।
मुस्कान युक्त मुख
देख अनायास ही
विहँस पड़ी राधिका ।
स्वयं आनेजाने ही ।
बोला तब माधव -
"मैं ही अब आऊंगा
अथवा आना जब
जल हेतु
तट पर कालिंदी के
आना मेरे गेह भी
संग में हमारे ही ।"
और तब राधिका को
सुखी करने के हेतु

रख मुख पर बांसुरी
बजाई घनश्याम ने
धुन सुन मुरली की
मुग्ध हुई राधिका
एकटक देखती थी
मंजु मुख श्याम का ।

❀ ❀ ❀

आठ

सुनो कान्हा !
याद है न तुम्हें
वह बात
जब भोर खिल रही थी
यमुना की
छलछल करती धारा
किरणों से
गले मिल रही थी
कैसा सुहाना था
वह दृश्य ।
आधी रात से ही
उठ कर
गोपियों ने
आरम्भ कर दिया था
मथानी चलाना
उन्हें मथुरा था जाना
मिला था
महाराज कंस का आदेश
भेजना ही होगा
पच्चीस मटकी
नवनीत भरी
कौन ताल सकता था
उस आदेश को ?
अनाचारी राजा से

कौन पंगा ले ?
कौन दंगा करे ?
भोर की
उस सुहानी बेला में
चल पड़ी थीं गोपियाँ
बाँध कर कतार
सिर पर उठाये
मटकियों का भार ।
डरती थीं
कहीं नटखट साँवरा
रोक न ले
रार न मचाये
मटकी न गिराये ।
परन्तु
न जाने कैसे
जान ही लिया तुमने
साथ ले कर
गोप बालकों को
छिप कर बैठ गये थे
कदम्ब की डाल पर ।
एक एक कर
गुजरती रहीं गोपियाँ
तुम्हारी उपस्थिति से
अनभिज्ञ
निश्चिंत
स्वयं में मग्न ।
सबसे पीछे थी
सुकुमारी ललिता
बरसाने की वनिता ।
जैसे ही निकली वह
कदम्ब की छाया से

कूद पड़े तुम
उसके ठीक सामने
भय से
विजड़ित
चकित
थकित
सहम उठी थी वह
गिर पड़ी थी मटकी
मस्तक से
फिसल कर ।
"क क कौन ?"
पूछा उसने
हकलाते हुए ।
"मैं, तुम्हारा कान्हा ।"
"तुम ? यहाँ ?"
"हाँ । मैं यहाँ हूँ ।
मेरा है यह
पूरा गोकुल
पूरा ब्रज
कहीं भी आऊँ जाऊँ
राजा हूँ मैं तो ।"
कह कर हँसे थे तुम
और वह बेचारी
कह न सकी थी कुछ भी ।
बोल पड़े तुम -
"अरे मटकी तो
फूट गयी
और सारा माखन भी
मिल रहा धूल में ।"व
झुक कर तुमने

उस टूटी हुई मटकी से
लेकर नवनीत
मला ललिता के मुख पर ।
"छोड़ो श्याम !
छेड़ो नहीं ।"
बोल उठी वह
फिर स्वयं ही लेकर
माखन निकाल
लगी थी तुम्हें खिलाने ही ।
तुमने भी प्रेम से
लगाया वह भोग था ।
यमुना के जल में
पखार निज वस्त्र
मुख पोंछ के तुम्हारा
हुई प्रेम में मगन थी ।
और सब साथी
अन्य स्त्रियों के पीछे गये
मांगते थे माखन वे
कर रूप बाट का ।
कितनी ही देर बाद
ललिता अकेली को
आये थे स्वयं तुम
बरसाना छोड़ने ।
समझाया उसको था -
"गोरस ये ग्वालों का
बिना मूल्य
मथुरा के लोग भला
खाएं क्यों ?
इस पर
प्रथम अधिकार
हम ग्वालों का है

गउएँ हमारी
सब गोरस हमारा है ।
मथुरा के राजा
अत्याचार अनाचार कर
हमको सताते नित
लगता उचित क्या ?
चेतना ही होगा हमें
नागों को बहुत दिन
दूध न पिलाएँ अब
हष्ट पुष्ट करें
अब अपने ही जन को ।"
"कहते हो सच
किन्तु
डरते सभी हैं
उस अनाचारी कंस से
तभी तो
ये गोरस की भेंट
उन्हें भेजते हैं
निर्विरोध ।"
ललिता ने कहा तब ।
"उचित नहीं है यह
सहमत हो तो
तुम ही सचेत करो
बरसाना वालों को ।"
"करूंगी प्रयास ।"
"यथेष्ट है यह ।
सत्य पन्थ पर
बढ़ा पग
उचित दिशा में
मन से किया प्रयत्न

कभी व्यर्थ
नहीं जाता है ।"
बातों में ही
कट गई राह
बरसाना जा के
मिल ही न पाया श्याम
राधा सुकुमारी से ।
लौटता उदास
मुख मलिन
परन्तु तभी
राधिका अटारी चढ़ी
दृष्टि - पथ आ गयी ।
विकसित हुई
श्याम के
हृदय की कलिका
अधरों पे मीठी
मुस्कान मंजु
छा गयी ।
मन मे ही बोला कृष्ण –
"सफल हुए नयन
दिन हुआ सार्थक ।"
कितनी उपयोगी थी
ललिता को दी हुई
तुम्हारी वह सीख
यह तो
अब समझ पाये हैं
गोकुल ब्रज के वासी
राजा कंस की
दुर्नीतियों के कारण
कितना
कठिन हो गया था

जन जीवन
उबार लिया तुमने
देकर जीवन के
नये मंत्र
स्वाभिमान के
आत्मनिर्भरता
और
अन्याय का
विरोध करने के ।
सहज ही
पढ़ा दिया तुमने
स्वाभिमान का पाठ
जीवंतता की शिक्षा
गो सेवा
और प्रकृति प्रेम ।
निर्मल कर दिया तुमने
अपने ही सत्प्रयास से
यमुना की
विषैली धारा को ।
गिरि श्रृंखलाओं को
मान दिया
गोवर्द्धन का ।
वृक्षों के सानिध्य में
उनके ही सहयोग से
जीवन बिता कर
बढ़ाया उनका सम्मान ।
तुम धन्य हो कृष्ण
अपने संसर्ग से
साथ से
दे गये
हमें भी धन्यता ।
कैसे भूलेगी

तुम्हारी
वह अहैतुकी करुणा
जब बचाया था
तुमने
वन में धधक उठे
दावानल में फँसी
गउओ के समूह को ?
और वह
असुर धेनुक के
आतंक के कारण
अनुपलब्ध ताल वन की
अद्भुत सम्पत्ति को
नाग के समान
कुंडली मार कर
सम्पूर्ण ताल वन को
बना लिया था
निजी संपत्ति
तब
उस असुर का
अभिमान नष्ट कर
वर्जित क्षेत्र को
किया सर्वसुलभ ।

❀ ❀ ❀ ❀ ❀

नौ

जानती हूँ

स्मरण शक्ति

अच्छी है तुम्हारी

पर

हम नारियों को

याद क्यों करोगे अब ?

कुब्जा सुभागी रही

सौभाग्यशालिनी

और हम सारी

बस रहीं अभागिनें ।

आए एक बार थे तुम

मेरे गृह मंदिर में

तुमने कहा था -

"चलो माता ने बुलाया है ।"

"कौन माता ?"

"यशोदा मैया ।"

"तो चलो

मैं तत्पर हूँ ।"

और हम दोनों

संग संग

आए ब्रज में ।

देख हम दोनों को

हर्षित मां यशोदा ने
कहा था यही -
"चिरंजीवी बने
जोड़ी यह
राम चिरकाल तक
इसको बनाए रहें ।"
सुन कर आशीष
पुलकित हो उठा था मन
और बाहें मेरी
अनजाने ही
ग्रीवा में तुम्हारी
पड़ीं पंकज की नाल सी
मुस्कुरा कर माता
संग दासियों के
चली गई करने को
पूरा गृह कार्य ।
हँस कर बोले तुम -
"तुमने भी सुना कुछ ?"
"सब सुना प्यारे !"
"अब बोलो
हो क्या कहती ?"
"क्या कहूं मैं ?
ईश करे
माता के आशीष को
सफल,
सदा के लिए
हम दोनों एक हों ।"
"भूल गई प्रिये,
इतनी शीघ्र कर्म को ?"

"याद न कराओ नाथ !"
"पगली कहीं की
कहीं ऐसा भी होता है ?"
"कैसा श्याम ?"
"जो हो तुम चाहती ।"
"चाहती हूँ ऐसा क्या मैं ?"
"यही कामना
कि
हम दोनों एक हों ।"
"पूर्ण क्या न होगी
यह कामना
हमारी कृष्ण ?"
"यही सब कहने को
तुमको बुलाया है ।"
"कैसी बात ?
कहते हो क्या तुम ?
बातें ये तुम्हारी
आज
मन में हमारी कैसी
शंका उपजाती हैं ।"
"जानती नहीं क्या
प्रेम तो सदा से ही
शंका उपजाया करता है ।"
"सुनो श्याम !
यदि बात सुख की है
कहनी
तो कहो अभी
रहने दो अन्यथा उसे
यूं ही अनकही ।

सुनना नहीं है मुझे
अब कुछ तुमसे
जो भी कहना है
उसे
फिर कभी कहना
तब ही सुनूंगी मैं ।"
"किंतु यदि अभी कहूं ?"
"सुनूंगी
विवश हूँ ।"
"भूल जाओ राग सब ।"
"कैसी बात ?"
"सत्य है यही तो प्रिय !
भूलना ही होगा तुम्हें
प्रेम और श्याम को ।"
"किंतु क्यों ?"
"बताता हूँ मैं
धीरज धरो प्रथम
दुख न करोगी
यह मुझको
वचन दो ।"
बोला कृष्ण
करके गंभीर धीर स्वर को ।
चौंक कर बोली थी मैं –
"बात को
सुने ही बिना
दुख मुझे होता है
धीर को धरे बिना ही
कैसे दूं ये वचन
कि दुख

मैं न कुछ मानूंगी ।
ऐसी दुखदायी यदि
बात कहनी है तुम्हें
मत ही कहो तो उसे
मौन बना रहने दो ।"
"सुनना तो होगा ही
अवश्य
परम आवश्यक है
कहूंगा इसी से
तुम्हें सुनना पड़ेगा ही ।
यदि न कहूंगा तो
हजार गुना होगा दुख
इसी लिये चाहता हूँ
सब कुछ कह दूँ ।
आंखें मूंद लेने से तो
आंधियां न रुकती हैं
थम नहीं जाती
कोई आपदा
न चाहो तो ।"
"ठीक है
कहो तो फिर ।"
"तुमने सुना नहीं
अभी तक
संभवतः
मथुरा से पधारे हैं
सुफ़लक सुत अक्रूर
जो मेरे पितृव्य हैं
और
साथ लाए हैं अपने

यह राजाज्ञा
उत्सव है मथुरा में
कोई महोत्सव सा
जिसमें बुलाया
मथुराधिपति कंस ने
भैया बलवीर
नंदसुत श्रीकृष्ण को
देखने को उत्सव
जाना आवश्यक है
राजा की है आज्ञा
हम जाने को
विवश हैं ।
जाना ही पड़ेगा मुझे
और बलवीर को ।
साथ साथ जाएंगे
अनेक ग्वाल बाल भी ।
सुन वृषभानु सुता
स्तब्ध अवाक बनी
अपलक देखती थी
श्याम के
सुमुख को ।
कितनी ही देर बाद
धीर धर
बोली वह
व्याकुल अधीर हो
तड़प भरे स्वर में -
"जाओ मत श्याम !
तुम प्राणों के आधार हो ।
तुम बिन कैसे
रह पाएंगी ये ग्वालिनें

सारे ब्रजवासी
पशु पक्षी
जन गण सब
बिना तुम्हें देखे
कैसे दिवस बिताएंगे ?
संग में तुम्हारे
कर क्रीड़ा
भांति भांति की जो
सुख पाती हैं
कैसे जिएंगी वे गोपियाँ ?
अथवा यशोदा माँ ही
उठ के सवेरे नित्य
देख के तुम्हारा मुख
पाती है संतोष सुख
और नवजीवन भी ।"
"रहना पड़ेगा उन्हें
क्योंकि राज आज्ञा है
टालने पर ब्रज पर
क्या आएगी न
आपदा ?"
"आएगी परंतु
हम सह लेंगे सब प्रिय !
साथ में हमारे तुम
सांवरे रहो सदा ।"
"कहती उचित ही हो
किंतु
क्या है ठीक यह
मेरे लिए आपदा हो
श्रेष्ठ ब्रज जनों पर ?

"और यदि ब्रज जन
इससे प्रसन्न हों तो ?"
"हों वे किंतु मेरा भी तो
कुछ कर्तव्य है ।
जाना ही पड़ेगा मुझे
जाऊंगा प्रसन्न मन
जाकर दुख गोकुल के
दूर कर आऊंगा ।"
"मानते नहीं हो बात ।
कहूं क्या ?
विवश हूँ ।
इतना तो कह दो कि
लौट कब आओगे ?"
"दो-चार दिनों में ही ...
या और देर संभव है ।
संभव है यह भी कि
जाऊं लौट आऊँ मैं ।"
"सत्य ही कहो न श्याम !
करेंगी प्रतीक्षा हम ।"
"दो दिनों में यदि
लौट पाऊं न मैं
ब्रज को तो
इतना समझना कि
देर भी हो सकती है ।"
"कैसी बात नाथ ?
यदि ऐसा है
तो जाओ मत
यहीं रहो -
सारी विपदाएं

सह लेने को
हैं प्रस्तुत
सारे ही प्रजाजन ।"
"भोली हो राधिका !
मत भूलो कर्तव्य को ।
शांत मन होकर तुम
बनो धैर्यशालिनी ।
रह न सकूंगा कहीं
मैं भी तो तुम्हारे बिना
समझो इसे तो कुछ
धैर्य मन में धरो
आऊंगा मैं शीघ्र लौट...।"
"जाना ही है तुमको अभीष्ट
यदि सांवरे तो -
जाओ
किंतु कैसे मैं
कहूं भी इस शब्द को ?
दिल फटा जाता है
यह एक शब्द
कह कर ।
कैसे भेज दूं मैं तुम्हें
कुटिलों के मध्य अब
मथुरा नहीं है वह
मानो काल - मुख है ।"
"करो न दुशंका प्रिय !
दुर्बल हूँ मैं भी नहीं
मृत्यु हो जो सन्मुख
उसे भी पछाड़ दूँगा ।
जब तक आये

न निमंत्रण
यमराज का
तब तक देख मुझे
मृत्यु डर जाएगी ।
किंतु जब आएगा
बुलावा मुझे काल का तो
गमन करूंगा हँस
यहीं पर पल में ।"
"ठीक कहते हो ।"
संतुष्ट सी हुई वह पर
सहमी सी बोली -
"होती मुझको आशंका है ।"
"आशंका किस बात की ?"
"भूल मत जाना हमें ।
शीघ्र लौट आना प्रिय !
शपथ है तुमको ।"
"झूठ नहीं कहता हूँ
गोकुल का ग्वाला हूँ मैं
कारण विशेष
यदि कोई न पड़ा तो
करूंगा विलंब नहीं
मुझको भी सारे ब्रज
गोकुल की चिंता है ।"
"हुई निश्चिंत अब
मन को मना लूंगी मैं
हुई निश्चिंत
मेरे साथ ब्रजभूमि भी ।
जाओ तुम सुख से
और लौटना कुशल से ही ।

मेरी जगदीश से
यही है बस प्रार्थना ।"
कहते ही कहते
भरे नयन कामिनी के
देख यह मोहन ने
खींच लिया अंक में ।
पोंछ दिए अश्रु सब
निज उत्तरीय से ।
बोला यू मुकुंद
निज स्वर को मृदुल कर -
"ऐसे नहीं
हँस कर देखो मेरी ओर तो ।
पा कर मधुर मुस्कान
इन अधरों पर
यही छवि
हृदय में लेकर
चला जाऊंगा
तभी जा कर मथुरा में
जय पा सकूंगा प्रिये !
तुम ही तो
जीवन की मेरे इस
शक्ति हो ।
शक्ति को मलिन देख
प्रलयंकर शंकर भी
युद्ध भूमि में
कभी विजय नहीं पाते हैं ।"
कह कर श्याम ने
श्याम श्याम उँगलियों को
प्यार से फिराया जब
राधिका के कंठ पर

जैसे वीणा दण्ड पर
फिरा रही उंगलियों को
कोई स्वर साधिका
कला की उपासिका ।
देख चतुराई
मुस्कुराई राधा रानी पर
दंतावलियाँ ही खिलीं
उस मुस्कान में ।
बोली स्वर साध कर –
"हँसी उपजाते हो ?
देखो, लो, मैं हँस दी ।"
"अभी कहाँ ?"
"फिर कैसे ?"
"हँसो तुम ऐसे
सारी प्रकृति
हँसेगी तब
देख तेरी छवि
मुस्काएँगी सारी देवियाँ ।"
"आती ही नहीं है हँसी ।"
"प्रेम से बुलाओ उसे ।"
"कैसे ?
बतला दो तुम्हीं ।"
"ऐसे ।"
कह धीरे से की
गुदगुदी श्याम ने ।
हँस उठी राधा
मुख देख श्याम सुंदर का
मेघ युक्त नभ में
तड़िता सी चमक उठी

राधिका के हास्य से ।
तब जो गए थे श्याम
लौट ही न पाए फिर
राज्य और राजनीति
ऐसी ही तो होती है ।
मथुरा नगर नहीं
जादू भरा जग है वह
जाता है जो भी वहां
उसे बांध रख लेता है
जकड़ मोह - पाश में ।
उसके ही जादू ने
है ऐसा तुम को लुभाया
भूल गए
शैशव को
बचपन
लड़कपन को
भूल गए ग्वाल बाल
ग्वालिनें गंवारिनें ।
भूल गए कुंज गली
यमुना पुलिन तुम
भूल गए कदम्ब की
शीतल वह छैंया
भूल गए सखा संगी
भूल गए नंद गोप
भूली है यशोदा
भूल बैठे सब गैंया ।
तुम जो गए तो
सामने है
माया जग की जो

उस में उलझ कर
ज्ञानी मुनि ध्यानी सभी
भूल भरमाते हैं ।
तुम तो थे राजपुत्र
वही सोहता है तुम्हें
राजा का भवन और
वसुदेव देवकी की
ममता सुहाती है ।
किंतु हम
करें भी क्या
हमारे निकट तो है
वही ब्रजभूमि
वही जमुना का तट है
वही सब लता तरु
वही हैं विटप सारे
वही कुंज
वही घाट
वही पनघट है ।
वही जनजीवन है
वही मधुबन सारा
वही धूल भरी राह
वही धाम घट है
एक बस तुम ही
नहीं हो इस ब्रज में तो
लगता है जैसे यह
हुआ मरघट है ।
गोरस में रस नहीं
प्रीति नहीं गउओं में
रीति नहीं ग्वालों में

विकल सब जीव हैं।
नाचते मयूर नहीं
पंख व्यर्थ हुए जैसे
जमुना के तट पर
आती नहीं चांदनी
चांद हर पूनम को
आग बरसाता
और
मेघ जैसे तप
तैल - बिंदु बरसाता है।
कोई गोपी
ब्रज की है
माखन बिलोती नहीं
पनघट पर मटकी न
अब कोई फोड़ता
कान हैं तरस रहे
सुनने को वंशी - धुन
गायों के
बछेरुओं को
कोई नहीं छोड़ता।
तुमने कहा था
लौट आओगे
मिलन हेतु
एक एक दिन गिन
घिसती है उंगली।
बार-बार दौड़ती
झरोखे खोल
झांकती हूँ
ऐसी बावरी सी हुई
डोलती ज्यों पगली।

सुनती हूँ
ऐसा कुछ
जादू मधुपुर में है
जो भी वहां जाता है
वहीं का
हो जाता है वह
अपनी नगरिया
लौट ही नहीं पाता है ।
यह भी सत्य प्रिय !
तुम तो सभी के हो
हम ही तुम्हारे
हो न पाए
श्याम सांवरे !
होते जो तुम्हारे
तो क्या
लौट के न आते तुम ???

❀❀❀❀❀ इति ❀❀❀❀❀

www.ingramcontent.com/pod-product-compliance
Lightning Source LLC
LaVergne TN
LVHW050419160726
843469LV00041B/1144